EL PONY EXPRESS

Darice Bailer
Ilustraciones de Tom Antonishak

ALFAGUARA

A la memoria de Charles Tyler Hill
(3 de agosto de 1990 – 13 de enero de 1996)

Tyler era pequeño y valiente, como los jinetes del Pony Express. Su lucha no fue contra bandidos y montañas, sino contra un tumor maligno. Sin embargo, sonreía bajo su sombrero de Batman favorito y decía "te quiero" en lenguaje de señas con los dedos de su mano derecha. Tyler aún cabalga en nuestros corazones.
—D.B.

A mi esposa, Carol, y a mis hijos, CaryAnn y Tom. ¡Que persigan siempre la aventura!
—T.A.

Título original: *The Pony Express*
© 2003 Trudy Corporation & Smithsonian Institution, Washington DC 20560
Todos los derechos reservados.
Publicado en español con la autorización de Trudy Corporation.

© De esta edición:
2007, Santillana USA Publishing Company, Inc.
2105 NW 86th Avenue
Miami, FL 33122, USA
www.santillanausa.com

Diseño: Marcin D. Pilchowski
Edición: Isabel Mendoza

Alfaguara es un sello editorial del Grupo Santillana. Éstas son sus sedes:
ARGENTINA, BOLIVIA, CHILE, COLOMBIA, COSTA RICA, ECUADOR, EL SALVADOR, ESPAÑA, ESTADOS UNIDOS, GUATEMALA, MÉXICO, PANAMÁ, PARAGUAY, PERÚ, PUERTO RICO, REPÚBLICA DOMINICANA, URUGUAY Y VENEZUELA.

Agradecimientos:
Soundprints desea agradecer a Ellen Nanney y Robyn Bissette, de la oficina de Desarrollo de Producto y Licencias de la Institución Smithsonian por la ayuda prestada en la creación de este libro.

El Pony Express
ISBN 10: 1-59820-599-4
ISBN 13: 978-1-59820-599-2

Published in the United States of America
Printed in Colombia by D'vinni S.A.

10 09 08 07   1 2 3 4 5 6 7 8 9 10

Índice

Nota al lector

A lo largo de la lectura, verás palabras resaltadas en negritas.
Podrás encontrar más información sobre ellas en el Glosario,
al final del libro.

Capítulo 1

Ponis y bandidos

—¿Entregaban el correo en tan sólo diez días? —exclama Emma sorprendida.

—Yo lo hubiera hecho mucho más rápido —asegura Kevin.

—Kevin, en aquella época no había aviones ni camiones para entregar el correo. Me gustaría verte llevar la correspondencia desde Missouri hasta California, montado en un poni, en menos de diez días —comenta Lucy.

Emma, Kevin, Lucy y Tomás están en el Museo Nacional de Correos de la Institución Smithsonian, en Washington, D.C. Emma está leyendo un diagrama sobre el *Pony Express*, que era un sistema de entrega de correo, periódicos y mensajes importantes que funcionó entre 1860 y 1861. Los carteros eran valientes jovencitos montados en ponis.

—¡Miren esto! —avisa Emma a todo pulmón.

Está parada junto a una cabaña de madera, en cuya puerta se está proyectando un video.

—Yo estuve en la primera entrega del Pony Express —dice un hombre en la pantalla.

Tomás, Lucy y Kevin llegan corriendo. El hombre dice que se llama Warren Upson pero lo apodan "Boston". Asegura que cruzó en su poni ríos caudalosos y montañas nevadas. Boston se pone su sombrero de vaquero y exclama con júbilo: "¡A cabalgar, compañeros!".

Kevin se aleja de la pantalla y se queda boquiabierto…

Kevin ya no está en el museo. En la distancia ve unas montañas. ¡Está en campo abierto!

—Es hora de ensillar y ponerte en marcha, Boston —dice una voz masculina.

Al voltear, Kevin ve que el hombre se acerca con un poni y que está hablándole a él. El tipo cree que él es ¡Boston Upson!

Justo en ese momento, un jinete llega cabalgando hasta ellos.

—El camino está despejado —le dice el jinete al hombre que acompaña a Kevin, que parece ser el jefe de la estación—. Esta noche no hay ladrones ni cuatreros. ¡No se atreverían a retrasar al Pony Express!

—Creo que esos bandidos aprendieron bien la lección que les diste en tu última entrega, Bob —dice el jefe de la estación, y mirando a Kevin, añade—: Bob fue muy valiente, ¿no crees, Boston?

Kevin asiente, pero no tiene la menor idea de qué están hablando. Se muere de ganas por saber lo que le sucedió a Bob.

—No vi a esos bandidos hasta que doblé una curva en el camino —dice Bob—. Ahí mismo estaban esperándome. Eran dos y estaban montados en sus ponis. Me apuntaban al pecho con sus armas.

—¿Y qué pasó? —le pregunta Kevin emocionado.

Capítulo 2

Un mensaje muy importante

Bob continúa narrando su aventura.

—"¡Arriba las manos o date por muerto!", me gritaron los bandidos. "¡Danos ahora mismo tu poni y la bolsa del correo!", me ordenaron.

El jefe de la estación rechifla mientras Bob toma aire para seguir su relato.

—Les dije que, si querían algo de mí, tendrían que atraparme primero. Y, antes de que pudieran apretar el gatillo, desaparecí en mi poni.

—No debería entretenerte más con mis historias —le dice Bob a Kevin—. Los soldados de Carolina del Sur abrieron fuego en el Fuerte Sumter. ¡Estamos en guerra!

¡Kevin está casi seguro de que se trata de la **Guerra Civil**!

Bob le da unas palmaditas a la mochila con la correspondencia y dice: —Adentro viene un periódico de Carolina del Sur que trae un artículo muy bueno sobre lo que pasó. No hay tiempo que perder, Boston. Tu papá querrá recibir esto cuanto antes para publicar la noticia en su periódico, *Union* de Sacramento.

—Así que finalmente ha estallado la guerra entre los estados —dice el jefe moviendo la cabeza con preocupación—. Boston, es tu responsabilidad llevar esta noticia tan triste a California.

Kevin aún no puede creer que sea él quien deba llevar esta noticia histórica hasta California. ¡Y montado en un poni!

—¡Apúrate, Boston! —lo despide Bob—. Y no dejes que la nieve te sepulte en las montañas.

Capítulo 3

Listo para cabalgar

Kevin monta el poni de un solo salto. Su corazón late de prisa. Jamás ha montando un caballo antes, ni siquiera un poni, pero, por alguna razón, sabe lo que tiene que hacer. Ya está clavándole las espuelas al poni cuando oye al jefe de la estación que le grita:

—¡No tan de prisa, Boston! Primero tengo que registrar tu hora de partida.

El jefe escribe la hora con una **pluma** en una hoja oficial. Después, mete la hoja en la bolsa del correo y la cierra con llave.

Luego, el jefe de la estación mira a Bob y le dice:

—Buen trabajo, Bob. Llegaste una hora más temprano. Ese tiempo puede ser de mucha ayuda para Boston en caso de que tuviera algún problema en las montañas. —Después se dirige a Kevin:— ¿Crees que puedes mantener un buen galope a lo largo de todo tu recorrido, Boston?

—Si Bob pudo hacer su entrega en menos tiempo, ¡yo también podré hacerlo! —responde Kevin.

—No es tan fácil, Boston —le dice el jefe de la estación.

—¿Por qué lo dice? —pregunta Kevin confundido.

—Porque tienes un trecho muy largo por recorrer. ¡Casi sesenta millas! Aunque, quién sabe, quizás sí puedas lograrlo. Por un momento olvidé lo rápido que tú y los otros jinetes llevaron al Oeste el discurso inaugural del presidente Lincoln. ¡En tan sólo siete días y diecisiete horas!

—Y voy a hacer todo lo posible por batir ese récord —dice Kevin agitando su sombrero, y se aleja cabalgando a toda prisa.

"¡Todavía no puedo creer que esté montando un poni!", se dice a sí mismo. ¡Desearía que sus amigos lo vieran en este preciso momento!

Capítulo 4

Truene, llueva o relampaguee

De pronto, Kevin se queda estupefacto. Frente a él hay una manada de lobos. Parece que están hambrientos. Aúllan y avanzan amenazantes.

Kevin siente su corazón palpitar con fuerza. Los lobos lo rodean. Gruñen, mostrando sus colmillos afilados.

—¡Adiós, amigos! —les grita Kevin mientras azota las riendas y el poni arranca cuesta abajo a toda velocidad.

Muy pronto, los lobos ya no les ven ni el polvo. Entonces, Kevin hace que el poni desacelere.

—Me alegro de que seas tan veloz —le dice mientras le acaricia la crin—. Esos lobos se veían muy hambrientos.

Se internan en las montañas y, a medida que ascienden, comienza a nevar. Un fuerte viento agita los copos de nieve a su paso. Partículas de hielo se clavan en la cara y las manos de Kevin, quien no puede parar de tiritar de frío.

El poni prosigue su camino, como si lo hubiera recorrido ya muchas veces.

—La nieve ha tapado todas las marcas del camino —le dice Kevin al poni—. ¡Qué bueno que sabes muy bien por dónde ir!

En algunos tramos, la nieve es tan profunda que Kevin tiene que bajarse del poni para guiarlo entre los helados montículos.

Kevin no sabe si tiene más hambre que frío, pero lo que sí sabe muy bien es que no puede detenerse.

—Cuando eres un jinete del servicio Pony Express, tienes que cumplir con tu juramento a toda costa —le dice a su caballo, elevando la voz por encima del viento—. No debes maldecir ni beber; y debes pensar primero en el correo; después, en tu poni y, por último, en ti mismo.

"Debo continuar, debo continuar", se repite Kevin una y otra vez. "Si no llego a la siguiente estación, ¿cómo se enterará toda esa gente de que la Guerra Civil ha comenzado?".

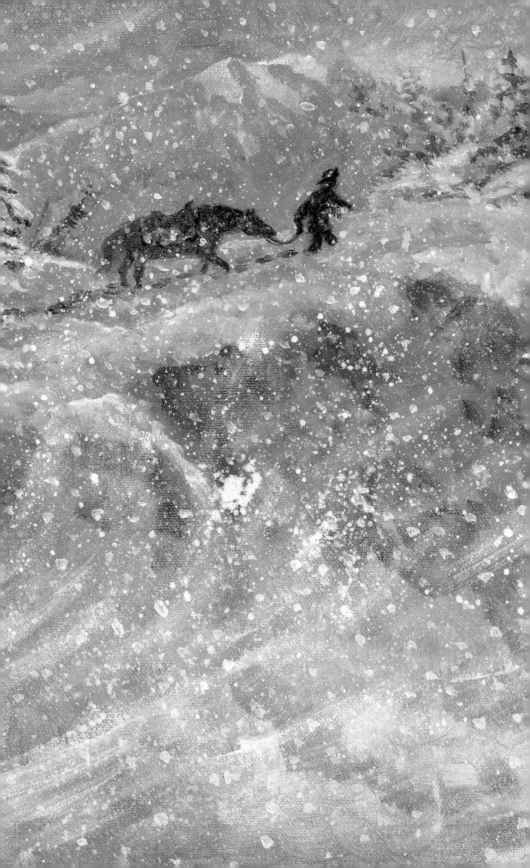

Por fin, Kevin y su poni logran salir
de las montañas. Pero mientras descienden
por la pendiente en dirección al valle, la
nieve se convierte en lluvia. Ahora, Kevin
está empapado.

—No es nada sencillo esto de entregar
el correo —le dice a su poni—. Ya entiendo
por qué el Pony Express sólo usa los mejores
caballos, ¡como tú!

Minutos después llegan a Yank.
El jefe de la estación saluda a Kevin con
un café humeante. Kevin lo bebe de prisa.
La taza calienta sus manos. Tan pronto
como termina, monta de nuevo su poni
y ¡sale galopando!

Capítulo 5

El fin del viaje

Al llegar al **río Americano**, Kevin observa que está muy crecido. Las aguas se desbordan del cauce del río. Kevin necesita cruzarlo, pero no hay ningún puente a la vista. No tiene otra opción que meterse al agua con su poni.

Entonces, se baja de su caballo y desata la mochila. Se la pone encima de la cabeza para evitar que el correo se moje.

Kevin logra llegar a la otra orilla del río. Él y su poni están completamente mojados, pero ¡el correo está seco y a salvo!

Poco después, Kevin llega a Strawberry. El jefe de esa estación le tiene listo un nuevo poni para el siguiente tramo.

Kevin está agotado y hambriento, pero sabe que los jinetes del Pony Express sólo pueden detenerse dos minutos en cada estación.

Kevin le da al jefe de la estación las noticias sobre la guerra.

—El Presidente va a necesitar todo nuestro apoyo para preservar la Unión —dice el jefe de la estación—. Mejor será que me aliste cuanto antes en las tropas de la Unión.

Kevin sabe que, si no fuera por el Pony Express, este hombre no se hubiera enterado de que estalló la guerra sino hasta muchas semanas después.

Kevin come de prisa un trozo de pan de maíz. Apura los bocados con agua de una taza de hojalata. En cuanto termina, sale a todo galope una vez más.

Anhela de verdad poder llegar en tiempo récord. Todo parece estar a su favor: el cielo está despejado y el suelo está más seco que en las montañas.

Once millas después, llega a la estación de Webster. Recoge ahí más correo y vuelve a cambiar de poni. Repite lo mismo doce millas más adelante, en la estación Moss, de donde parte hacia su última parada: Sportsman's Hall.

Kevin lucha por mantener abiertos los ojos. Está tan agotado, que casi se cae del poni al llegar a su destino. El jefe de la estación se dirige a un hombre que sale en ese momento de la estación:

—Samuel, es tu turno. ¡Hazte cargo de llevar este correo hasta Sacramento!

Kevin le dice a Samuel las mismas palabras que Bob le dijo al inicio de su viaje: —El camino está despejado.

Samuel saluda con su sombrero y se despide de Kevin y del jefe de la estación.

—¡Apúrate, Samuel! —le grita Kevin—. ¡Tienes en tus manos noticias muy importantes!

Capítulo 6

El más valiente de todos

—Anda, Boston, entra y come algo —le dice el jefe de la estación a Kevin dándole una palmadita en la espalda—. Tienes dos días para descansar antes de que Samuel regrese. Entonces, tendrás que recorrer todo el camino de vuelta al Este. ¡Quién sabe qué noticias nos traerá Samuel!

Dentro de la cabaña, Kevin se sirve un poco de la avena que hierve en una olla negra sobre una estufa de leña. Le da mucho gusto poder descansar por fin. Cierra sus ojos por un momento.

De pronto, escucha risas. Abre los ojos y mira sorprendido a su alrededor. ¡Está de nuevo en el museo!

—¿Verdadero o falso? —pregunta
Tomás mientras lee un cuestionario de la
exhibición—. "Buffalo Bill fue uno de los
jinetes más audaces del Pony Express".

—Falso —responde Kevin.

—¡Correcto! —exclama Tomás—. Aquí
dice que no se sabe con seguridad si Buffalo
Bill trabajó en el Pony Express. Pero, ¿cómo
lo sabías?

Kevin sonríe y señala al hombre que en
la pantalla narra una vez más la historia de
Boston Upson.

—¡Seguro que fue él! —dice Kevin—.
¡Boston Upson fue el más valiente de todos
los jinetes del Pony Express!

Glosario

diligencia. Carruaje de cuatro ruedas jalado por varios caballos. Transportaba viajeros, correo y paquetes a grandes distancias, a una velocidad promedio de cuatro a cinco millas por hora.

Guerra Civil. Guerra que tuvo lugar en Estados Unidos de 1861 a 1865. La Unión, o los estados del Norte, lucharon contra la Confederación, o los estados del Sur. Este conflicto se originó cuando la Confederación decidió, por razones económicas y políticas, separarse del resto del país para formar su propio gobierno.

pluma. La pluma que usa el jefe de la estación en esta historia no es como las que se usan hoy en día. La pluma antigua era, de verdad, una pluma. Consistía en una pluma larga de ave, cuya punta se cortaba diagonalmente y se sumergía en tinta para luego escribir.

río Americano. Río californiano que nace en la Sierra Nevada y desemboca en el río Sacramento, en la ciudad que lleva el mismo nombre.

Acerca del Pony Express

En 1860, medio millón de personas habitaban en asentamientos en California, Nevada y Utah. Estos pioneros tenían que esperar tres semanas para recibir el correo que venía del Este en **diligencia**, o hasta seis meses, si venía por barco. Cuando la Guerra Civil amenazó con dividir al país, los habitantes de esas regiones comenzaron a demandar un correo más veloz para poder recibir las noticias rápidamente.

El 3 de abril de 1860 el *Pony Express* comenzó a prestarles un servicio postal más eficiente a estos colonos. Una cadena de audaces jinetes montados en ponis recorría 1,966 millas desde St. Joseph, Missouri, hasta Sacramento, California, ¡en sólo diez días!, transportando cartas, noticias y documentos del Gobierno. Cada jinete recibía un salario semanal de 25 dólares.

Esos jinetes y sus caballos formaron un auténtico equipo de valientes. A pesar de que, a diario, enfrentaban terribles riesgos durante el viaje, sólo un jinete murió y una sola mochila de correo resultó extraviada.

El 24 de octubre de 1861, comenzó a funcionar el telégrafo transcontinental. A partir de entonces, los mensajes se podían trasmitir de un extremo a otro del país en un solo día, y a un costo mucho más bajo que el del Pony Express.

Apenas dos días después de inaugurarse el telégrafo, el Pony Express dejó de funcionar. Este servicio postal operó sólo durante 18 meses, pero demostró que la comunicación a través del salvaje Oeste era posible aun con truenos, lluvias o relámpagos.